Escreva para Encantar Leitores

A ARTE DE CONTAR HISTÓRIAS IRRESISTÍVEIS

ANNA KATMORE

Escreva para Encantar Leitores

Cover design: Anna Katmore

www.annakatmore.com

Índice

Caro Escritor

Prefácios muitas vezes são deixados de lado, mas, se você ainda está aqui, deixe-me garantir que seu tempo será bem investido.

Primeiro, meus parabéns! O fato de você ter escolhido um guia sobre escrita — seja este ou qualquer outro — já demonstra sua dedicação em aprimorar sua arte. Escrever exige um toque de talento, claro, mas também é uma habilidade, ou melhor, uma profissão que precisa ser desenvolvida e lapidada. Existem técnicas que muitos iniciantes desconhecem, mas que podem transformar uma história comum em algo inesquecível. Para usar uma metáfora marcante: nenhum cirurgião realiza uma apendicectomia no primeiro dia. Eles estudam, treinam e praticam até alcançar o nível necessário para operar com confiança e precisão.

É provável que muitos de vocês sonhem em alcançar o sucesso logo no primeiro livro, lançando um best-seller já de início. E sim, isso é perfeitamente possível! Sei disso porque aconteceu comigo. Mas aqui está a verdade que poucos contam: antes desse momento, passei anos escrevendo, reescrevendo e consumindo tudo o que podia sobre o ofício da escrita. Frequentei inúmeros workshops e escrevi três romances inteiros que nunca chegaram a ser publicados. Esses projetos iniciais não foram fracassos; foram etapas cruciais do aprendizado. Cada um deles me ensinou algo essencial sobre como contar histórias.

Com o tempo, cheguei a um ponto em que meu estilo de escrita estava refinado o suficiente para ser ao mesmo tempo envolvente e comercial. Quando publiquei meu primeiro livro, fui recompensado com um público de leitores que crescia rapidamente. Hoje, escrevo romances de fantasia e romance para jovens adultos, ofereço workshops e faço mentorias individuais para escritores aspirantes. Criar este guia foi um próximo passo natural nessa jornada.

Sem mais delongas... vamos começar!

O COMEÇO PERFEITO

Uma história bem contada nem sempre começa do início. Na verdade, abrir com uma introdução longa e detalhada é um erro bastante comum. Evite descrições extensas da paisagem ou tentativas exageradas de criar um clima. Em vez disso, mergulhe de imediato na ação. Quanto mais cedo sua história engatar, mais fácil será capturar a atenção do leitor.

Avance sua narrativa até o momento em que o primeiro evento significativo ocorre. Feche os olhos e visualize a cena: o que está acontecendo? Em que ponto a tensão chega ao auge? Esse é o lugar ideal para começar.

Não se preocupe se o leitor ainda não sabe quem são os personagens ou onde eles estão. Esses detalhes se revelarão naturalmente conforme a trama se desenrola. Seu objetivo inicial é fisgar o público desde a primeira página. Isso começa com um parágrafo de abertura irresistível — ou, melhor ainda, com uma frase inicial que seja impossível ignorar.

Um diálogo ágil pode fazer milagres. Se o personagem estiver sozinho, explore a tensão por meio de seus pensamentos internos. Outra estratégia eficaz é capturar o tema central do seu livro em uma única frase impactante — algo que insinue a jornada que está por vir. Torne essa frase instigante, mas mantenha-se fiel ao tom e ao gênero da sua história.

Se sua cena inicial for repleta de ação, entregue as informações aos poucos. Coloque o leitor diretamente no meio da cena, como se ele tivesse sido jogado porta adentro, sem aviso prévio. Deixe de lado formalidades como descrever o clima ou introduzir cenários minuciosos. Vá direto ao ponto: nada de retrospectivas, exposições prolongadas ou preâmbulos. Permita que cada frase construa sobre a anterior, conduzindo o leitor cada vez mais profundamente nos acontecimentos.

Uma abertura memorável não apenas prepara o palco — ela exige atenção, desperta curiosidade e promete ao leitor que ele está prestes a embarcar em uma jornada inesquecível.

Desenvolvimento de Personagens

Um livro ganha vida por meio dos seus personagens. Quanto mais tridimensionais eles forem, mais cativantes se tornarão para os leitores. O objetivo é criar personagens que pareçam saltar das páginas, fazendo com que, ao final da história, o público sinta que os conhece como velhos amigos.

Injete vida nos seus personagens por meio de movimentos. Se eles permanecerem estáticos ou imóveis, correm o risco de parecer figuras sem alma, como marionetes de papelão. Pequenas ações e mudanças sutis nas expressões faciais tornam-nos mais vívidos. Esses gestos criam a sensação de que o leitor está presente na cena, observando cada detalhe de perto. Além disso, ações específicas podem transmitir emoções de maneira implícita, sem precisar nomeá-las diretamente.

Considere os seguintes gestos cotidianos:

- Coçar o nariz
- Passar a mão pelos cabelos
- Transferir o peso de um pé para o outro
- Afundar a ponta do sapato no chão
- Morder ou pressionar os lábios
- Cruzar os braços
- Erguer as sobrancelhas
- Tirar um pacote de chicletes ou balas do bolso
- Assobiar entre os dentes
- Limpar o nariz com as costas da mão
- Massagear as têmporas
- Jogar as mãos ao ar em frustração
- Brincar com objetos sobre a mesa

E muitos outros.

Para descrever expressões faciais de forma mais natural, posicione-se em frente a um espelho. Experimente fazer as expressões que seu personagem faria e, em seguida, descreva o que vê com precisão e detalhes.

Há também uma regra de ouro ao introduzir novos personagens:

No início do livro, inclua pelo menos seis detalhes pessoais sobre o protagonista nas primeiras duas páginas. Esses detalhes podem ser qualquer coisa — desde a marca de pasta de dentes favorita até o tamanho do sapato ou o programa de TV preferido. Quanto mais detalhes você oferecer, mais clara será a imagem mental na mente do leitor, facilitando a conexão com o personagem.

Essa regra também se aplica a personagens importantes introduzidos ao longo da trama, mas não àqueles de menor relevância, como porteiros, carteiros ou vendedores. Personagens significativos precisam ganhar vida rapidamente, já que os leitores querem conhecê-los e compreendê-los em pouco tempo.

Certifique-se de incluir informações essenciais, como idade, cor do cabelo, estrutura física e estilo de roupa. É frustrante para o leitor imaginar uma heroína com cabelos curtos e pretos durante três capítulos, apenas para descobrir mais tarde que, na verdade, ela tem cachos ruivos indomáveis. Estabeleça esses aspectos fundamentais logo no início, juntamente com informações sobre o cenário, a estação do ano ou o período do dia.

No entanto, não apresente essas informações como uma lista seca. Em vez disso, entrelace-as organicamente na narrativa. Ao descrever a aparência, forneça contexto que revele como essas características influenciam o personagem ou a história. Essa abordagem evita o chamado "infodump" (uma entrega massiva e abrupta de informações) e promove um desenvolvimento mais natural e fluido.

Para evitar inconsistências, pode ser útil criar fichas individuais para cada personagem, anotando características-chave como cor de olhos, altura, idade, preferências e até mesmo histórico familiar. Com um elenco numeroso, é fácil esquecer detalhes, e revisitar o manuscrito repetidamente pode ser exaustivo.

Ponto de Vista (PDV)

O PDV, ou Ponto de Vista, refere-se à perspectiva narrativa.

Decida qual perspectiva se adapta melhor à sua história. Você escreverá em primeira pessoa, como se o narrador estivesse falando diretamente (eu), ou em terceira pessoa, descrevendo eventos de "ele" ou "ela"?

Ambas as perspectivas são igualmente eficazes no mercado. Sempre haverá leitores que preferem uma abordagem ou outra, então escolha aquela que parecer mais natural para você. Dito isso, a perspectiva em primeira pessoa tem se tornado cada vez mais popular em romances para jovens adultos e histórias de amor. Sua proximidade quase confessional atrai os leitores, tornando a experiência mais íntima e imersiva.

Independentemente da sua escolha, uma regra crucial se aplica: permaneça dentro do alcance sensorial do narrador. Descreva apenas o que o personagem narrador pode perceber naquele momento.

Por exemplo, se seu protagonista está de costas para uma porta e alguém entra, ele não pode saber quem é sem uma pista sonora ou visual.

Errado:

A porta se abre atrás de mim, e Amy entra.

Certo:

Ouço a porta se abrir atrás de mim, seguida por passos suaves. Ao ouvir um "olá" familiar, reconheço a voz de Amy sem precisar me virar.

O mesmo princípio vale para eventos que ocorrem fora do campo de visão do personagem, como objetos caindo ou carros passando. Limite-se ao que o personagem pode ver, ouvir, cheirar ou sentir. Qualquer coisa além disso se aproxima do ponto de vista onisciente (Omni-PDV), em que o narrador sabe tudo. Embora esse estilo tenha suas utilidades, ele tende a criar uma distância emocional entre o leitor e o personagem, diminuindo a imersão.

Se sua história alterna entre múltiplas perspectivas, certifique-se de que cada transição seja clara. Use capítulos diferentes para cada ponto de vista ou insira um símbolo de quebra de cena, como *** dentro dos capítulos.

Evite a todo custo o "salto de cabeça" (head-hopping). Esse erro — alternar entre pontos de vista dentro da mesma cena sem aviso — confunde o leitor e prejudica o fluxo da narrativa. Limites claros de PDV mantêm sua história coesa e envolvente.

MOSTRE, NÃO DIGA!

Tornar-se autor não é apenas sobre criar uma boa história; trata-se de contá-la de forma cativante e vívida.

O princípio de *"MOSTRE, não DIGA"* é um dos pilares da escrita criativa, mas pode ser um desafio para iniciantes dominá-lo. Em essência, significa mostrar ações e detalhes em vez de resumir eventos ou emoções.

Aqui está a diferença fundamental:

DIZER é usado para resumos curtos ou quando é necessário transmitir informações de forma rápida. Ele fornece os fatos necessários, mas não cria uma imagem mental detalhada. O leitor entende o que aconteceu, mas não consegue visualizar ou sentir a cena plenamente.

MOSTRAR permite que o autor pinte um quadro vívido na mente do leitor. Quando bem executado, transforma a história em um *"filme mental"*, imergindo o leitor por completo. Essa é a verdadeira essência da arte de contar histórias.

Para *mostrar*, confie em verbos fortes e específicos, evitando o uso excessivo de advérbios.

> Em vez de: *Ele saiu com raiva.*
> Experimente: *Ele saiu pisando forte. / Ele escancarou a porta com um empurrão e saiu, bufando.*

> Em vez de: *Ela falou de forma irritada.*
> Experimente: *Ela resmungou. / Ela murmurou entre dentes.*

O objetivo é expressar emoções — como fome, tristeza, alegria ou frustração — e estados de espírito por meio de expressões faciais, gestos, ações, pensamentos e diálogos, sem precisar nomear explicitamente o sentimento.

Exemplo 1

Dizer:

Minha irmã estava doente naquela manhã.

Mostrar:

Ao abrir a porta do quarto da minha irmãzinha naquela manhã, o cheiro forte de xarope para tosse me atingiu. Na mesinha de cabeceira, um abaixador de língua deixado pelo médico repousava ao lado de um pacote de comprimidos amassado. Sarah estava recostada nos travesseiros, assoando o nariz em um lenço antes de amassá-lo e jogá-lo na lixeira transbordante. Seu nariz vermelho e inchado contrastava com o rosto pálido, e seus olhos lacrimejantes piscavam devagar. As pontas das meias amarelas de tricô espiavam debaixo do edredom.

— Mamãe disse para trazer um copo d'água para você — murmurei, puxando a gola do meu suéter sobre o nariz, tentando bloquear os germes.

Exemplo 2

Dizer:

Após a discussão com a ex-namorada, ele entrou no carro e saiu furioso.

Mostrar:

— Maldita! — ele gritou, enquanto ela girava sobre os saltos pontiagudos das botas e se afastava com passos firmes, como se estivesse em uma passarela. Com um movimento brusco, ele abriu a porta do Toyota preto e se jogou no banco do motorista, rangendo os dentes. Por que tinha vindo aqui de novo? Ele sabia exatamente como ela era e deveria ter ficado longe.

— Droga! — esbravejou, socando o volante com tanta força que o ponteiro do velocímetro vibrou atrás do vidro. As mãos tremiam enquanto ele enfiava a chave na ignição. O motor rugiu na primeira tentativa, e os pneus cantaram quando ele pisou fundo no acelerador, jogando o carro para frente e deixando um rastro de borracha queimada no asfalto. Ele não se importava com quem pudesse ouvir o barulho ou vê-lo disparando pela rua a três vezes o limite de velocidade.

DIÁLOGO

O diálogo certo é essencial em qualquer gênero—terror, ficção histórica, comédia ou romance. Ele pode dar personalidade à sua obra ou torná-la superficial e desinteressante.

O que seus personagens dizem—ou deixam de dizer—faz toda a diferença.

Para ser eficaz, o diálogo deve cumprir pelo menos uma destas funções:

- Avançar a trama
- Definir os personagens
- Transmitir uma mensagem

Isso parece simples, certo? Com prática, pode ser. No entanto, muitos iniciantes caem em uma armadilha comum: incluir diálogos vazios. Por exemplo, Harald perguntando à irmã sobre o clima não acrescenta nada à história. Evite conversas que não levam a lugar algum. Cada linha de diálogo deve ter um propósito maior, seja gerar impacto emocional ou revelar algo relevante. Conversas banais ou superficiais não têm espaço em um romance.

Natural, mas não excessivamente realista

O diálogo deve soar natural, mas sem replicar a fala cotidiana de forma literal. Na vida real, as pessoas costumam divagar ou repetir-se, mas um excesso de realismo pode cansar os leitores. Por exemplo:

— Meu Deus, ele também vai à festa?! O que eu vou vestir? Ai, eu preciso de um vestido novo! Não posso usar algo que ele já me viu vestindo. Meu Deus, meu Deus, meu Deus!

Embora isso reflita a fala real, em um romance é enfadonho. Após o terceiro "Meu Deus", o leitor provavelmente começará a pular as falas.

Busque equilíbrio: mantenha o diálogo autêntico, mas sucinto. Frases dramáticas ou expressões exageradas devem ser reservadas para momentos de genuína tensão ou emoção. Repetições, quando usadas, precisam ter propósito e intenção clara.

Aprofundando o Diálogo

Diálogos bem elaborados não apenas transmitem informações, mas também revelam motivações ocultas, sugerem eventos futuros e refletem conflitos internos ou externos. São ferramentas poderosas para enriquecer sua narrativa.

- **Motivação:** Escolha as palavras com cuidado para mostrar o que está impulsionando um personagem em determinada situação. O que ele está pensando? Que desejos ou segredos ele pode estar escondendo? Evite ser óbvio; insinuações sutis e paráfrases elegantes podem comunicar muito mais do que afirmações diretas.

- **Presságios:** Use o diálogo para criar antecipação. Insinuações rápidas podem plantar sementes na mente do leitor, preparando-o para revelações futuras. Quando bem feito, isso mantém o leitor intrigado e cria aquele momento de surpresa recompensadora.
- **Conflito:** O conflito é o coração de qualquer história. Use diálogos para intensificar tensões, expor emoções ou sugerir desentendimentos não ditos. Não importa se é um romance ou um thriller; o conflito, quando expressado por meio de palavras, adiciona profundidade e complexidade à trama.

Diálogo rígido ou formal demais:

Leia suas falas em voz alta. Se parecerem artificiais ou mecânicas, reescreva. Conversas reais raramente seguem a gramática perfeita. Sinta-se à vontade para usar gírias, abreviar frases ou até criar expressões próprias dos personagens.

Rígido:

— Está tudo bem com você, meu amigo?

Natural:

— Tá tudo bem, cara?

Vozes homogêneas:

Cada pessoa tem um jeito único de falar, e seus personagens também devem ter. Como autor, você cria todas as falas, mas isso não significa que todos devam soar iguais. Imersa-se na personalidade de cada personagem. Um pode ser mais formal, outro mais irreverente. Talvez um tenha o hábito de chamar as pessoas pelos sobrenomes, enquanto outro prefira usar apelidos. Dê atenção a detalhes como ritmo de fala, escolha de palavras e expressões típicas.

Por exemplo, homens tendem a usar frases mais curtas, enquanto mulheres, em geral, se expressam de maneira mais elaborada. Um personagem pode ter um bordão ou uma gíria preferida que o diferencie. Essa atenção aos detalhes garante diálogos variados e dinâmicos, afastando a monotonia.

Repetir nomes em excesso:

Evite o uso desnecessário de nomes em conversas. Por exemplo:

— Onde você está, Laura?

— Já vou, Stefan.

— Vamos logo, Laura.

O contexto da cena e as ações dos personagens devem tornar claro quem está falando. Use nomes apenas quando necessário para ênfase emocional ou para direcionar a atenção do leitor.

Ações que definem o diálogo

Ações bem integradas podem eliminar a necessidade de tags repetitivas como *"ele disse"* ou *"ela disse"*. Ao incorporar gestos, expressões faciais e movimentos corporais, você guia o leitor de forma natural sobre quem está falando.

Repetitivo:

— Eu não acredito nisso — ela disse.

Dinâmico:

Ela fechou o livro com força. — Eu não acredito nisso.

Além disso, evite blocos extensos de diálogo. Após três ou quatro linhas, insira uma ação ou descrição. Isso mantém o leitor engajado, dando-lhe um senso de espaço, postura dos personagens e tom emocional da cena.

Formatação do diálogo

A formatação correta é essencial para garantir clareza. Cada fala deve estar em um parágrafo separado, mesmo que seja breve. Se o diálogo for interrompido por uma ação, mantenha tudo no mesmo parágrafo. Quando outro personagem começar a falar, inicie um novo parágrafo. Jamais combine falas de dois personagens no mesmo parágrafo, pois isso causa confusão.

Exemplo:

Certo:

— Você não pode fazer isso! — Ela bateu na mesa. — Não é justo!

— Justo? — Ele riu, cruzando os braços. — Desde quando você se preocupa com isso?

Errado:

— Você não pode fazer isso! — Ela bateu na mesa. — Não é justo! — Justo? — Ele riu, cruzando os braços. — Desde quando você se preocupa com isso?

Técnicas para enriquecer as conversas dos personagens

Sarcasmo:

O sarcasmo é uma maneira sofisticada (e muitas vezes mordaz) de insultar ou zombar, ideal para personagens inteligentes ou provocadores. Porém, ele deve combinar com a personalidade do personagem e com o tom da cena.

Exemplo:

TONY: Liza jogando futebol? Você deve estar brincando.

CHLOE: Um elefante jogaria melhor.

LIZA (para Chloe): Tentei ser como você no colégio, mas vomitar depois de comer nunca foi meu forte.

Sarcasmo é uma característica nata, não algo facilmente aprendido. Se não for natural para você escrevê-lo, é melhor evitar forçar.

Esperteza e respostas rápidas:

Uma réplica espirituosa pode tornar o diálogo memorável. Normalmente, a primeira fala é forte, mas a resposta deve superá-la em sagacidade.

Exemplo (de *Gilmore Girls*):
LORELAI: Esse vestido é vulgar demais!
MÃE: Não é o vestido, é a mulher que o usa.
LORELAI: Ops, conexão ruim, a casa tá entrando em um túnel!

Duplo sentido:

O duplo sentido é uma ferramenta inteligente que combina humor ou ambiguidade sutil. É ideal para cenas leves ou diálogos carregados de ironia.

Exemplo (de *O Silêncio dos Inocentes*):
HANNIBAL LECTER: Adoraria conversar mais, mas... estou jantando com um velho amigo.

Esse recurso adiciona profundidade e sofisticação ao diálogo, deixando o leitor curioso e envolvido.

Exagero e Subestimação:

Brinque com a ironia, ampliando ou minimizando uma situação. Por exemplo, *"Houston, temos um problema"* é uma subestimação brilhante, usada em um momento de tensão extrema.

Conclusão

Ao dominar essas técnicas, seus diálogos não apenas ganharão autenticidade e ritmo, mas também elevarão o impacto emocional e narrativo da sua história. Diálogos vivos tornam os personagens inesquecíveis e as páginas irresistíveis para o leitor.

Conflito

O conflito é o coração pulsante de qualquer história. Sem ele, uma narrativa corre o risco de se tornar uma sequência monótona de cenas agradáveis, incapazes de desafiar os personagens ou de envolver o leitor.

Mas o que exatamente é conflito?

Em sua essência, o conflito surge quando os objetivos, valores ou desejos de indivíduos ou grupos entram em colisão, gerando tensão e impulsionando a história para frente. Pode ser algo tão simples quanto um personagem lidando com uma escolha pessoal ou tão grandioso quanto uma batalha épica entre o bem e o mal.

Na ficção, o conflito geralmente se divide em duas categorias principais:

- **Conflito Interno:** A luta interior de um personagem—enfrentando medos, falhas ou dilemas morais.
- **Conflito Externo:** Obstáculos vindos de forças externas—antagonistas, pressões sociais ou desafios físicos.

Conflito Interno

Aqui está a verdadeira alma da sua história. O conflito interno permite que os leitores se conectem profundamente aos personagens enquanto estes enfrentam seus próprios demônios ou evoluem emocionalmente. Pense em Ebenezer Scrooge, de *Um Conto de Natal*: sua jornada não envolve lutar contra vilões ou salvar o mundo, mas salvar a si mesmo. Sua transformação de um avarento frio e insensível para um homem compassivo é o que torna essa história atemporal e profundamente emocionante.

Conflito Externo

O conflito externo adiciona emoção e aumenta as apostas na trama. É o que mantém os leitores na ponta da cadeira. Considere *Harry Potter*: a jornada de Harry está repleta de aventuras perigosas, desde enfrentar bruxos das trevas até proteger seus amigos. No entanto, enquanto a trama gira em torno desses desafios externos, é o crescimento emocional de Harry—sua coragem, lealdade e resiliência—que torna a história inesquecível. Conflitos externos frequentemente criam oportunidades para o desenvolvimento interno, aprofundando a narrativa e os personagens.

O arco do conflito

Toda grande história segue um arco de conflito bem estruturado:

1. **Introdução do Conflito:** Os personagens descobrem o que está em jogo.

2. **Ação Crescente:** A tensão aumenta à medida que enfrentam obstáculos e contratempos.
3. **Clímax:** O confronto decisivo onde tudo está em jogo.
4. **Resolução:** Os fios soltos são amarrados, e os personagens emergem transformados.

Os leitores vivenciam esse arco emocionalmente. Eles devem sentir a tensão crescente, o clímax de tirar o fôlego e o alívio catártico da resolução. Sem conflito, o leitor não terá motivos para se importar, nem experimentará a montanha-russa emocional que torna uma história inesquecível.

Se sua história parece carecer de conflito, ela também carece de propósito. Pergunte a si mesmo: o que está em jogo? O que fará o leitor virar a próxima página? Se não conseguir responder a essas perguntas, talvez seja hora de reavaliar sua trama.

Trama

A trama é onde sua história toma forma—uma dança criativa entre imaginação e estrutura. Pense nela como o alicerce do seu romance. Não importa se você prefere planejar meticulosamente cada capítulo ou mergulhar de cabeça e deixar a história fluir espontaneamente; a trama dá direção e propósito à narrativa.

Alguns escritores abordam a trama como arquitetos, criando esquemas detalhados e organizados. Outros preferem atuar como exploradores, avançando sem mapa e descobrindo a história à medida que escrevem. Ambas as abordagens são válidas, e não há um "método correto" de planejar—apenas o que funciona melhor para você.

Dicas para planejar a trama:

1. **Esboços ou Tópicos:** Crie um roteiro básico para sua história. Liste os eventos principais ou resuma os capítulos para manter o foco.
2. **Deixe Espaço para Flexibilidade:** Seus personagens podem surpreendê-lo ao tomar decisões inesperadas ou ao direcionar a trama para caminhos que você não previu. Abrace essas mudanças—elas são sinais de que sua história está viva e em evolução.

O segredo da trama: evolução

Não importa o quão cuidadosamente você planeje, sua história provavelmente mudará.

Seus personagens podem falar ou agir de formas que você não antecipou. Uma subtrama que parecia menor pode crescer e se tornar um ponto de virada significativo. Essa imprevisibilidade não é um problema—é parte da magia do processo criativo.

Por exemplo, imagine que você planejou uma história sobre um protagonista tímido encontrando o amor. Mas, ao escrever, percebe que a verdadeira jornada dele não é sobre romance, mas sobre autodescoberta. Siga esse instinto. Muitas vezes, ele leva a histórias mais autênticas e emocionalmente ricas.

Se você se sentir bloqueado durante o processo, volte à trama. O conflito é forte o suficiente? As apostas são altas o bastante para manter o interesse? Às vezes, ajustar pequenos detalhes pode reacender sua criatividade.

O papel da flexibilidade

Lembre-se de que o resultado final não precisa corresponder perfeitamente ao plano inicial. Algumas das maiores histórias surpreenderam até mesmo seus criadores. Confie no processo, ouça seus personagens e deixe a narrativa levá-lo para onde ela precisa ir.

Assim, sua trama não apenas sustentará sua história, mas também criará um espaço onde seus personagens, conflitos e reviravoltas poderão brilhar com todo o seu potencial.

PRÓLOGO E EPÍLOGO

Uma das perguntas mais recorrentes em meus workshops é: devo incluir um prólogo ou epílogo? Os leitores esperam por isso?

Vamos começar pelo prólogo.

O que é um prólogo e quando usá-lo?

O prólogo é útil quando os leitores precisam de informações cruciais sobre o passado dos personagens ou eventos essenciais para compreender a trama. Muitas vezes, essas informações não se encaixam naturalmente na narrativa principal e, se introduzidas mais tarde, podem prejudicar o ritmo da história.

Por que evitar flashbacks?

Embora os flashbacks sejam ferramentas narrativas válidas, eles têm um problema significativo: interrompem o fluxo da história. Imagine que você conseguiu envolver seus leitores nos eventos atuais, e eles estão completamente imersos. Um flashback abrupto pode quebrar essa conexão, obrigando-os a se ajustar a uma linha do tempo diferente. Antes que possam se reorientar, são puxados de volta ao presente, causando uma ruptura dupla na experiência de leitura.

Isso se torna ainda mais problemático quando múltiplos flashbacks aparecem ao longo do livro, fragmentando a narrativa e enfraquecendo seu impacto. Por outro lado, um prólogo bem construído reúne as informações necessárias de forma coesa e introduz o contexto sem comprometer o ritmo do enredo.

Dicas para um prólogo eficaz:

Relevância é essencial: Certifique-se de que os eventos apresentados no prólogo sejam indispensáveis para a compreensão da história. Evite detalhes desnecessários que possam sobrecarregar o leitor.

Termine com um gancho: Finalize o prólogo com um momento intrigante ou de suspense. Isso cria curiosidade e mantém o leitor interessado, preparando-o para o momento em que a narrativa principal se conecta ao prólogo.

Deixe mistérios no ar: Um prólogo não deve revelar tudo. Deixe algumas questões em aberto para serem exploradas ao longo da história.

Mantenha-o conciso: O prólogo deve ter entre 2 e 10 páginas de livro. Ele deve ser mais curto ou, no máximo, equivalente ao tamanho de um capítulo regular.

Qualidade narrativa: Trate o prólogo com o mesmo cuidado dedicado ao restante do livro. Apresente personagens com vivacidade, torne-os reais e mostre os eventos acontecendo, em vez de apenas resumi-los.

E o epílogo?

Na minha experiência como autora de romances, o epílogo funciona como um presente final para os leitores. Embora não seja estritamente necessário, ele oferece uma sensação de encerramento e satisfação emocional.

Pense no epílogo como uma despedida gentil. Após passarem dias ou semanas imersos na sua história—rindo, chorando e torcendo pelos personagens—os leitores muitas vezes não estão prontos para se despedir. O epílogo serve como uma transição suave após o clímax emocional, permitindo que eles desfrutem de um último momento com os personagens que aprenderam a amar. É como a cereja no topo de um sundae perfeito: a história já está completa, mas fica ainda mais especial com esse toque final.

Por que incluir um epílogo?

1. **Encerramento:** Resolva pontas soltas e responda a perguntas pendentes.
2. **Vislumbre do futuro:** Mostre o que acontece com os personagens após o final da história principal. Eles viveram felizes para sempre? Realizaram seus sonhos?
3. **Recompensa emocional:** O epílogo é uma forma de agradecer aos leitores pelo tempo e dedicação emocional que investiram na sua obra.

Duração e função do epílogo:

Ao contrário do prólogo, o epílogo permite maior flexibilidade em sua extensão. Pode ter apenas uma página ou ocupar um capítulo completo. Em alguns casos, ele pode até insinuar continuações ou novos enredos, especialmente em séries literárias.

No entanto, isso deve ser feito com cautela, respeitando o tom e o gênero da obra.

Prólogo e Epílogo: Ferramentas, não regras

Ambos são recursos narrativos, mas não obrigatórios. Use-os apenas se eles realmente enriquecerem sua história. Um prólogo pode oferecer clareza e intriga; um epílogo, encerramento e emoção. Juntos, podem elevar seu romance, criando uma experiência mais completa para o leitor.

Porém, se parecerem forçados ou desnecessários, é melhor deixá-los de fora. No final, o objetivo é proporcionar aos leitores uma jornada inesquecível—uma história que ressoe e permaneça com eles muito tempo após virarem a última página.

Ordem dos Capítulos

Como organizar a escrita de um livro? Deve-se escrever os capítulos na sequência em que aparecem na versão final ou é válido pular para capítulos futuros e encaixá-los depois?

Aqui está meu conselho, direto e enfático: *siga a ordem!*

Seus personagens—e sua história—evoluirão naturalmente à medida que o conflito se desenrola. O personagem que você apresenta no Capítulo 3 será muito diferente daquele que surge no Capítulo 17. Suas emoções, pensamentos e motivações fundamentais irão mudar com base nos desafios enfrentados e no crescimento ao longo do enredo. Essa evolução afeta não só os personagens, mas também o tom e o ritmo geral da narrativa.

Por que escrever fora de ordem pode ser um problema?

Pular para um capítulo futuro pode parecer uma ideia brilhante em um momento de inspiração. Talvez você tenha uma cena perfeita para o Capítulo 17: os diálogos estão afiados, as ações coerentes e as emoções alinhadas. Tudo flui com facilidade, e você pensa: *Isso é incrível, vou apenas encaixar mais tarde.*

Mas, quando finalmente escreve os capítulos 13 a 16, algo se torna evidente: aquele "capítulo perfeito" não funciona mais.

Por quê?

1. **Desenvolvimento dos personagens:** Ao chegar ao Capítulo 17, seus personagens terão passado por experiências e mudanças

que você não poderia prever ao pular etapas. Suas emoções, decisões e perspectivas terão evoluído de forma que não se encaixam com o que foi escrito anteriormente.

2. **Profundidade nos detalhes:** Durante o processo, você adicionará camadas de complexidade—pequenos detalhes, subtramas ou nuances emocionais—que não existiam quando escreveu fora de ordem. Essas lacunas tornam difícil manter a coerência e a continuidade lógica.
3. **Ruptura no fluxo:** A transição entre o Capítulo 16 e o Capítulo 17 pré-escrito pode parecer forçada ou abrupta. Mesmo com revisões, pode ser desafiador alcançar a fluidez necessária para manter o leitor imerso na história.

O que parecia ser um atalho acaba se transformando em um obstáculo, comprometendo o ritmo e a harmonia da narrativa.

Uma abordagem mais eficiente

Para evitar retrabalho e frustração, resista à tentação de escrever fora de ordem. Em vez disso, registre suas ideias em notas detalhadas que poderão ser utilizadas no momento certo. Algumas sugestões:

- **Diálogos:** Se tiver um diálogo específico em mente, anote-o em um documento separado.
- **Cenas ou conceitos:** Faça um esboço da ação, dos sentimentos e dos temas que deseja explorar, permitindo-se ajustar esses elementos conforme a história evolui.
- **Evolução dos personagens:** Registre como imagina que os personagens reagirão ou se sentirão naquele ponto, mas mantenha espaço para que eles cresçam de forma orgânica.

Esse método permite que você preserve sua inspiração sem se comprometer com uma versão que pode não se encaixar na narrativa mais adiante.

Os benefícios de escrever na ordem cronológica:

Ao escrever os capítulos em ordem, você se mantém em sintonia com o ritmo e o tom do livro. Cada capítulo se conecta naturalmente ao anterior, garantindo consistência no desenvolvimento dos personagens, na progressão emocional e no fluxo narrativo. Quando finalmente chegar ao Capítulo 17, poderá incorporar elementos das suas anotações, ajustando-os ao contexto e à energia da história naquele momento.

Sim, esse processo pode parecer mais lento no início, mas poupa o trabalho de retrabalhar cenas desconexas, reescrever partes inteiras e lutar para recuperar a fluidez que seus leitores esperam.

Escrever é uma jornada, não um atalho.

Escrever um romance é como trilhar uma jornada. Não é possível pular direto para o destino sem antes percorrer o caminho que o leva até lá. Cada capítulo representa um passo dessa jornada. Escrever na ordem certa garante que seus leitores vivenciem uma narrativa coesa, fluida e emocionalmente impactante, exatamente como você a concebeu.

FORMATAÇÃO

Como formatar seu livro? Existem dois formatos principais a considerar:

- **Formato de Trabalho:** Usado durante o processo de escrita para manter o manuscrito claro, organizado e fácil de editar.
- **Formato de Publicação:** Preparado quando o livro está finalizado e pronto para ser enviado à Amazon ou outras plataformas de vendas.

A seguir, vamos explorar cada formato detalhadamente.

Formato de Trabalho

Durante a escrita, clareza e legibilidade são suas prioridades. Configure seu manuscrito com as seguintes diretrizes:

- **Alinhamento do texto:** Justificado (alinhado à esquerda e à direita).
- **Recuo de parágrafo:** Primeira linha de cada parágrafo recuada em 0,5 polegada (1,27 cm).
- **Fonte:** Times New Roman.
- **Tamanho da fonte:** 12 pontos.
- **Espaçamento entre linhas:** Duplo.
- **Numeração de páginas:** Posicionada no rodapé de cada página.
- **Títulos de capítulos:** Use o estilo "Título 1" no Word. Personalize a aparência pelo menu "Modificar Estilo". Isso também facilitará a geração do índice automático mais tarde.

Por que usar espaçamento duplo?

O espaçamento duplo melhora a legibilidade, facilita a identificação de erros e torna mais rápido encontrar trechos específicos durante a edição.

Dica: Mantenha os parágrafos curtos. Parágrafos longos podem ser intimidantes para o leitor e prejudicar o ritmo. Prefira trechos de 2 a 5 frases. Considere uma quebra de linha como uma pausa natural na leitura, ajudando a manter o engajamento e a fluidez narrativa.

Formato de Publicação

Quando o manuscrito estiver finalizado, alguns ajustes devem ser feitos para prepará-lo para a publicação:

1. **Ajuste o espaçamento entre linhas:** Altere de espaçamento duplo para simples.

2. **Aberturas dos capítulos:** Remova o recuo da primeira linha de cada capítulo. Apenas a primeira linha deve começar alinhada à esquerda; os demais parágrafos devem manter o recuo.
3. **Adicione elementos de introdução e encerramento ao livro.**

Elementos de Introdução:

- **Página de título:** Contendo o título do livro e o nome do autor.
- **Página de direitos autorais:** Com informações sobre publicação e avisos legais.
- **Índice:** Utilize o gerador de índices do Word para criar um índice automático.

Elementos de Encerramento:

- **Prévia de outro livro (opcional):** Um trecho de sua próxima obra pode instigar o interesse do leitor.
- **Lista de outras obras:** Uma oportunidade para promover seus livros anteriores.

- **Biografia do autor:** Um breve texto apresentando você e sua trajetória ao leitor.

Revisão Final

Antes de enviar o manuscrito, siga estas etapas para eliminar erros de formatação e garantir um acabamento impecável:

Passo 1: Remover Espaços Duplos

1. Abra a ferramenta "Localizar e Substituir" no Word.
2. No campo "Localizar", insira dois espaços.
3. No campo "Substituir", insira um espaço único.
4. Clique em "Substituir Todos" e repita até que o Word informe 0 alterações.

Passo 2: Remover Espaços Após Parágrafos

1. Abra a ferramenta novamente.
2. No campo "Localizar", insira: `^p`

3. *(Isso busca uma marca de parágrafo seguida por um espaço.)*
4. No campo "Substituir", insira: `^p`
5. *(Isso remove o espaço após a marca de parágrafo.)*
6. Clique em "Substituir Todos" e repita até que o Word informe 0 alterações.

Passo 3: Remover Espaços Antes de Parágrafos

1. Abra a ferramenta novamente.
2. No campo "Localizar", insira: `^p`
3. *(Isso busca um espaço seguido por uma marca de parágrafo.)*
4. No campo "Substituir", insira: `^p`
5. *(Isso remove o espaço antes da marca de parágrafo.)*
6. Clique em "Substituir Todos" e repita até que o Word informe 0 alterações.

Seu manuscrito está pronto!

Depois de formatar e revisar cuidadosamente o manuscrito, ele estará pronto para envio. Seja publicando na Amazon ou em outra plataforma, esses passos garantem um livro com aparência profissional e que atende aos padrões da indústria. Uma apresentação impecável reflete seu cuidado e dedicação, ajudando a conquistar leitores e a destacar sua obra no mercado editorial.

Sinopses

Para muitos autores, escrever uma sinopse pode parecer uma tarefa desafiadora—mas não precisa ser assim. Encare como uma oportunidade empolgante: a chance de condensar sua história em poucas linhas instigantes, capazes de cativar potenciais leitores.

Uma sinopse bem escrita resume brevemente os primeiros 3 a 5 capítulos do seu livro e termina com um gancho irresistível—uma frase final que cria suspense e deixa o leitor ávido por mais.

Os elementos essenciais de uma sinopse

Sua sinopse deve incluir:

1. **Os Protagonistas:** Apresente os nomes e idades para ajudar os leitores a se conectarem rapidamente com os personagens.
2. **O Tema:** Qual é a essência emocional ou a ideia central da história?
3. **Um Elemento Surpreendente:** Sugira um evento ou desafio-chave que abale o status quo.
4. **O Gancho:** Finalize com uma frase memorável que desperte a curiosidade e convença o leitor a abrir o livro.

O que é (e o que não é) uma sinopse

Uma sinopse **não** é um resumo completo do seu livro. Em vez disso, é um *teaser*—uma ferramenta para despertar o interesse do leitor e incentivá-lo a explorar os primeiros capítulos. Como a maioria das amostras disponibilizadas inclui apenas o início da história, sua sinopse deve focar em atrair o leitor para essa parte inicial.

Seja breve e impactante

Quanto mais curta e concisa for sua sinopse, melhor. Leitores que estão navegando por vários livros geralmente não têm paciência para descrições longas. Uma sinopse forte, com apenas quatro ou cinco frases bem elaboradas, pode destacar seu livro e capturar a atenção do leitor.

Dicas para criar uma sinopse memorável:

1. **Reflita o tom do seu livro:**

   Se sua obra é leve e divertida, a sinopse deve transmitir essa leveza. Se é sombria e cheia de suspense, escolha uma linguagem que crie essa atmosfera.
2. **Evite listas:**

   Sua sinopse deve fluir de forma envolvente e natural, e não parecer uma lista de informações.
3. **Construa tensão:**

Utilize uma linguagem específica do gênero, que desperte emoção e deixe o leitor ansioso para saber mais.

O gancho: a peça-chave da sua sinopse

O gancho é o elemento mais importante da sua sinopse. É ele que ficará na mente do leitor e o levará a clicar em *comprar*. Infelizmente, muitos autores cometem o erro de encerrar suas sinopses com perguntas previsíveis.

Exemplo de gancho fraco:

"Será que Sarah conseguirá superar seus preconceitos e se apaixonar?"

Problema: A resposta é óbvia. O leitor não precisa ler o livro para prever o desfecho.

Em vez disso, use perguntas abertas como "Como", "Quem" ou "O quê", ou finalize com uma declaração provocativa que instigue a curiosidade do leitor.

Exemplos de ganchos eficazes

1. **Uma pergunta intrigante:**
   "Como Sarah lidará com seus sentimentos crescentes quando a verdade sobre o passado dele ameaçar destruir tudo o que ela construiu?"
2. **Uma afirmação que provoca emoção:**
   "Ela achava que estava segura—até que o homem em quem mais confiava se tornou a única pessoa de quem não podia escapar."

Escrevendo uma sinopse irresistível

Criar uma sinopse incrível exige prática, mas não deixe que isso o intimide. Concentre-se em transformar sua história em uma mini-narrativa que desperte o interesse do leitor. Mantenha o texto curto, provoque suspense e deixe o tom do seu livro brilhar.

E lembre-se: sua sinopse é o primeiro aperto de mão entre sua história e seus leitores. Certifique-se de que seja firme, cativante e impossível de resistir.

CRÍTICAS

Por mais que as opiniões de amigos e familiares sejam valiosas, eles raramente são os parceiros ideais para uma análise crítica. O carinho que sentem por você muitas vezes os impede de oferecer um feedback completamente honesto. Em vez disso, busque críticas de escritores profissionais—pessoas que dominam o ofício e sabem exatamente o que procurar em um manuscrito.

Críticas têm suas próprias regras!

Escrever é uma arte, mas também é um ofício, e como qualquer profissão, tem regras que precisam ser aprendidas. O talento é importante, mas não basta por si só.

Receber sua primeira crítica profissional pode ser um choque. Esteja preparado para surpresas e, talvez, até lágrimas—isso faz parte do processo. Uma crítica detalhada provavelmente mostrará que seu manuscrito está longe de ser perfeito. Pode exigir revisões profundas, talvez em várias rodadas, até que esteja pronto para publicação.

Veja como lidar com uma crítica:

1. **Leia com atenção:** Analise cuidadosamente o feedback recebido.
2. **Dê uma pausa:** Afaste-se por algumas horas ou até dias. Permita-se processar o impacto emocional antes de voltar ao texto.
3. **Releia com novos olhos:** Quando o choque inicial passar, encare a crítica com mente aberta e comece a avaliar as sugestões de forma objetiva.

Lembre-se: uma crítica não é um ataque pessoal. Ela se concentra na sua escrita, não em você como pessoa. O objetivo principal é ajudá-lo a evoluir, com foco em técnica narrativa e estrutura da história.

Feedback severo é um presente!

Algumas críticas podem parecer duras, mas isso não é algo ruim. Se alguém destaca um problema recorrente, é porque deseja ajudar você a crescer como escritor. Reserve um tempo para refletir sobre cada sugestão, mas lembre-se: você é o autor da sua obra.

Você não precisa aceitar todo o feedback. Se algo não fizer sentido ou não estiver alinhado com sua visão, confie nos seus instintos. Sua escrita deve permanecer fiel à sua voz. Encare as críticas como uma caixa de ferramentas para aprimorar sua obra, e não como um manual para reescrevê-la no estilo de outra pessoa.

Parceiros de Crítica

O parceiro de crítica ideal deve:

- Ser escritor, de preferência no mesmo gênero que você.
- Ter habilidades equivalentes às suas—ou superiores.
- Respeitar sua voz e estilo.
- Priorizar o profissionalismo em vez da amizade.

Como encontrar um parceiro de crítica:

- Participe de grupos de autores no Facebook ou em outras comunidades de escritores.
- Organize seu próprio grupo de crítica, trocando capítulos para feedback.
- Faça uma troca experimental de um ou dois capítulos para avaliar a compatibilidade.

Encontrar o parceiro de crítica ideal é como encontrar o parceiro perfeito na vida—exige paciência, comprometimento e confiança. Quando encontrar alguém que desafie você de forma construtiva e o ajude a crescer, valorize-o como um verdadeiro tesouro.

Por que você precisa de um parceiro de crítica?

Mesmo os autores mais experientes se beneficiam de uma perspectiva externa. Como criador, você está tão imerso na sua história que pode não perceber falhas ou lacunas. Um parceiro de crítica oferece um olhar fresco, apontando o que funciona e o que precisa de ajustes.

Parceiros de crítica exigem apenas tempo, e os benefícios são inestimáveis. Além disso, eles estarão ao seu lado para celebrar suas conquistas—e um pouco de reconhecimento faz maravilhas para a alma de qualquer escritor.

Bloqueio Criativo

Acontece com todo mundo.

O bloqueio criativo pode surgir em qualquer momento, e não existe uma solução universal. A chave está em entender o que o causou e descobrir como superá-lo.

Alivie a pressão!

Muitas vezes, o bloqueio criativo surge do estresse ou da pressão autoimposta. Quando isso acontecer, afaste-se do manuscrito e dedique-se a algo completamente diferente. Algumas sugestões incluem:

- Fazer compras.
- Redecorar seu espaço de escrita.

- Organizar a casa.
- Passar tempo com amigos.
- Trabalhar no marketing de outro livro.

O objetivo é liberar sua mente. Escrever sob tensão raramente resulta no seu melhor trabalho.

Confie no processo!

Escrever é parte essencial de quem você é. Se está no seu sangue, as palavras voltarão no momento certo. Enquanto isso, concentre-se em viver o presente e desfrutar dos momentos ao seu redor.

Lembre-se: o bloqueio criativo não é o fim da sua criatividade—é apenas uma pausa. Permita-se descansar, recarregar as energias e retornar à escrita quando a inspiração surgir.

Revisão

Ao revisar seu manuscrito, dois serviços essenciais entram em cena: edição e revisão.

Edição

Se você é iniciante e não tem um parceiro de crítica experiente — outro autor que ajuda a aprimorar seu manuscrito durante o processo de escrita — contratar um editor profissional torna-se indispensável. O editor examinará sua obra nos seguintes aspectos:

- **Problemas no enredo**: Identifica inconsistências e falhas no ritmo da narrativa.
- **Estilo**: Aperfeiçoa o fluxo do texto e ajusta o tom para maior impacto.

- **Diálogos**: Assegura que soem naturais e estejam alinhados com a personalidade dos personagens.
- **"Mostrar versus Contar"**: Indica trechos onde descrições vívidas e envolventes podem substituir exposições simples e diretas.

A edição é um processo profundo e transformador que aborda as engrenagens fundamentais da narrativa. Apesar de seu custo variar entre $3,50 e $6,50 por página padrão, é um investimento crucial para quem almeja uma carreira como autor profissional. Lembre-se: um manuscrito mal editado pode comprometer sua reputação, principalmente na autopublicação, onde a primeira impressão é determinante.

Revisão

A revisão, por sua vez, concentra-se exclusivamente na correção de erros gramaticais, ortográficos e de pontuação. Normalmente, é mais acessível do que a edição, com valores que variam entre $2,50 e $4,50 por página padrão. Ferramentas de inteligência artificial podem auxiliar nesse processo, mas a experiência humana costuma garantir um resultado mais refinado e confiável.

Antes de escolher um editor ou revisor:

- **Negocie, mas mantenha a qualidade**: Não há problema em pedir desconto, mas jamais baseie sua escolha apenas no preço.
- **Verifique as credenciais**: Certifique-se de que o profissional tenha formação relevante (como em Letras, Literatura ou Linguística).
- **Peça amostras**: Solicite de 3 a 5 páginas revisadas para avaliar as habilidades do profissional. Envie material bruto, sem nenhum polimento, para testar sua competência real.
- **Compare as amostras**: Analise os trabalhos recebidos e escolha o editor cujo estilo mais

se alinhe ao seu. Confie no seu instinto, não apenas no valor cobrado.

- **Não esqueça a sinopse**: A sinopse é tão importante quanto o manuscrito. Certifique-se de que ela receba o mesmo cuidado profissional antes da publicação.

APRESENTAÇÃO

Apresentar seu manuscrito a uma editora ou agência literária é uma verdadeira arte. Essa é a sua oportunidade de causar uma excelente primeira impressão, e cada detalhe faz diferença.

Como criar uma apresentação de sucesso:

- **Saudação personalizada**: Dirija-se ao destinatário pelo nome, sempre que possível.
- **Introdução direcionada**: Explique por que escolheu apresentar sua obra àquela editora ou agência. Mencione o que admira no trabalho deles, em seus autores ou no foco editorial.

- **Tom profissional**: Mantenha a carta bem estruturada e com uma linguagem polida. Um toque de personalidade é válido, mas evite ser excessivamente informal.
- **Resumo breve**: Apresente seu livro em uma ou duas frases. Deixe a descrição detalhada para a sinopse.
- **Transparência**: Caso esteja enviando para várias agências, mencione isso de forma discreta. No entanto, evite citar nomes de agências que já tenham recusado sua proposta.
- **Revise antes de enviar**: Erros na sua apresentação podem comprometer uma submissão promissora. Certifique-se de que a carta esteja impecável.
- **Acompanhe suas submissões**: Mantenha um registro detalhado de onde e quando enviou o manuscrito para evitar envios duplicados.
- **Evite reenvios**: Após enviar sua proposta, resista à tentação de ajustá-la ou reenviá-la. Alterações posteriores podem parecer pouco profissionais.

O momento certo faz diferença!

Evite enviar propostas logo após grandes eventos do setor, como as feiras do livro de Leipzig e Frankfurt, ou durante a temporada de festas. Nessas épocas, agentes e editores costumam estar sobrecarregados, o que reduz as chances de uma resposta atenciosa.

Pseudônimo

Um pseudônimo é um nome alternativo que você pode usar caso prefira não publicar sua obra sob seu nome verdadeiro.

Devo usar um pseudônimo?

A decisão de usar ou não um pseudônimo é pessoal e depende exclusivamente das suas circunstâncias:

- **Manter seu nome real**: Se você tem orgulho do seu nome e deseja associá-lo abertamente à sua obra, não há necessidade de adotar um pseudônimo.
- **Optar por um pseudônimo**: Se você escreve em gêneros como erotismo ou nichos que

gerem desconforto em associar sua identidade publicamente à obra, um pseudônimo pode trazer mais privacidade e tranquilidade.

Por outro lado, você pode simplesmente adotar um pseudônimo porque gosta da ideia ou sente que ele reflete melhor sua identidade criativa. Independentemente do motivo, há pontos importantes a considerar ao escolher um.

Como escolher o pseudônimo ideal:

- **Escolha um nome com o qual se identifique**
  Opte por um pseudônimo que seja autêntico para você — algo que consiga sustentar por um longo período. Quanto mais próximo estiver do seu nome real ou de algo significativo, mais fácil será abraçá-lo. Nomes que inicialmente parecem empolgantes podem perder o apelo com o tempo, por isso, reflita bem antes de decidir.

- **Teste o pseudônimo**

  Antes de se comprometer, crie uma capa fictícia de livro com o pseudônimo escolhido. Use uma imagem simples que remeta a uma capa real e insira o nome em destaque, em letras maiúsculas, na parte superior ou inferior. Salve a capa e olhe para ela regularmente durante algumas semanas. Se o nome continuar ressoando com você, é uma boa escolha. Caso contrário, experimente outro pseudônimo e repita o processo.

Um pseudônimo vai além de um nome — ele se torna parte da sua identidade como autor. Seja por privacidade, branding ou expressão criativa, dedique tempo e reflexão para fazer a escolha certa.

Mídias Sociais

Como autor, três pilares das mídias sociais são fundamentais para construir sua marca e se conectar com seus leitores:

- **Seu site**
- **Seu blog**
- **Seus perfis nas redes sociais**

Cada um desempenha um papel único e, quando usados de maneira estratégica, ajudam a ampliar seu público e a consolidar sua presença como escritor.

1. O Site

Seu site é sua base principal—um espaço profissional e estático onde os leitores encontram informações essenciais sobre você e suas obras. Ele deve responder, no mínimo, às seguintes perguntas:

- **Quem é você?** Apresente uma biografia breve, cativante e que reflita sua essência como autor.
- **Quais livros você escreveu?** Inclua uma lista completa, com links diretos para compra.
- **Como os leitores podem entrar em contato com você?** Disponibilize um formulário de contato ou endereço de e-mail.

Depois de cobrir o básico, considere incluir:

- **Página de Perguntas Frequentes (FAQ):** Responda às dúvidas mais comuns sobre seu processo criativo ou suas obras.
- **Conteúdo extra:** Ofereça materiais como cenas excluídas, histórias dos personagens ou prévias exclusivas.

- **Seção de notícias/atualizações:** Compartilhe novidades sobre lançamentos futuros ou eventos especiais.
- **Integração com o blog:** Caso tenha um blog, integre-o ao site de forma harmônica.

Destaque visual: O design do site deve refletir o estilo dos seus livros e a identidade da sua marca. Evite textos genéricos ou informações irrelevantes. Cada página deve ter um propósito claro e bem definido.

Dica profissional: Evite URLs gratuitos que contenham o nome do provedor (por exemplo, alicebuttercup.wordpress.com). Para uma aparência profissional, invista em um domínio personalizado. A maioria dos provedores cobra entre $30 e $50 por ano para remover a marca deles do URL — e vale cada centavo.

2. O Blog

Um blog é uma plataforma dinâmica que permite conectar-se diretamente com seus leitores e compartilhar atualizações em tempo real. Muitos provedores de sites, como o WordPress, já oferecem funcionalidade de blog; caso o seu não tenha, considere criar um blog separado em plataformas como o Blogspot e vincule-o ao seu site.

O que postar no blog?

- Compartilhe reflexões, ideias ou inspirações do momento.
- Anuncie projetos, lançamentos ou eventos futuros.
- Gere expectativa para seus livros com revelações de capas, sinopses ou trechos inéditos.

Com que frequência postar?

- O ideal é publicar algo novo a cada 2–4 semanas, mas sem pressão. A qualidade sempre será mais importante do que a quantidade.
- Um post que desperte grande interesse pode permanecer no topo por mais tempo, mantendo os leitores engajados.

Lembre-se: O blog é uma ferramenta para enriquecer sua conexão com o público, não uma obrigação. Publique quando tiver algo significativo a compartilhar.

3. Facebook, Instagram e TikTok

As redes sociais são canais diretos para dialogar com seus leitores. Use-as para fortalecer relações, engajar sua comunidade e aumentar sua visibilidade.

Facebook:

- Crie uma página oficial de autor, separada do seu perfil pessoal. Essa página será pública e representará sua imagem profissional.
- Compartilhe atualizações, participe de discussões e promova sorteios ou eventos interativos.
- Mantenha sempre um tom amigável e positivo. Evite polêmicas, debates políticos ou desabafos pessoais. Caso enfrente comentários ofensivos, exclua-os sem entrar em discussões.

Instagram e TikTok:

Plataformas focadas em elementos visuais são ideais para expressar sua criatividade. Compartilhe:

- Imagens marcantes de seus livros ou do espaço onde escreve.

- Bastidores do seu processo criativo, como anotações ou rascunhos.
- Vídeos curtos e descontraídos que promovam sua obra de maneira autêntica.

Estratégias de engajamento:

- Incentive diálogos por meio de perguntas ou concursos criativos.
- Varie os prêmios nos sorteios: além de livros autografados, inclua itens temáticos ou toques pessoais que encantem os fãs.
- Simplifique as regras de participação, especialmente para novos leitores. Evite exigir a compra de livros; prefira atividades leves e interativas.

Atenção aos detalhes: Revise suas postagens antes de publicar! Erros podem prejudicar sua credibilidade. Leia com cuidado e, caso encontre um deslize após a publicação, use a função de edição para corrigir.

Cuidado com o tempo dedicado às redes sociais: Embora mais plataformas possam ampliar sua visibilidade, gerenciá-las em excesso pode comprometer sua energia criativa. Priorize qualidade em vez de quantidade.

A verdade sobre os "likes":

É fácil cair na armadilha de se fixar no número de curtidas ou seguidores, mas esses números não determinam seu sucesso. Concentre-se em criar conteúdo autêntico e significativo para sua audiência.

Nunca compre curtidas: Comprar seguidores enfraquece sua credibilidade. Os leitores percebem quando há milhares de seguidores, mas nenhum engajamento real. A autenticidade é sempre mais valiosa.

As redes sociais são ferramentas poderosas para fortalecer sua conexão com os leitores e consolidar sua marca. Com um site bem estruturado, um blog interessante e uma presença ativa em plataformas como Facebook, Instagram e TikTok, você pode expandir seu público sem perder sua essência criativa.

Equilíbrio é fundamental: Use essas ferramentas para impulsionar sua carreira de escritor, mas sem deixar que elas desviem seu foco do que realmente importa: escrever histórias que toquem o coração de seus leitores.

Cópia de Segurança

Perder meses de trabalho devido a uma falha no computador, roubo ou um desastre inesperado, como um incêndio em casa, é o pior pesadelo de qualquer autor. Para evitar essa dor de cabeça, é essencial manter cópias de segurança dos seus arquivos em múltiplos locais — idealmente, duas ou três vezes.

Aqui está uma estratégia eficiente de cópias de segurança:

- **Cópia no computador:** Salve todos os seus arquivos em uma pasta dedicada no seu PC.
- **Disco rígido externo:** Faça cópias regulares dos seus arquivos em um disco rígido

externo para garantir uma camada extra de segurança.

- **Cópia fora de casa:** Uma vez por ano, faço uma cópia em um disco rígido externo que deixo guardado na casa da minha mãe, a 300 km de distância. Assim, tenho a certeza de que uma cópia estará protegida mesmo que algo aconteça ao meu equipamento em casa.
- **Cópia por e-mail:** Envie seus arquivos por e-mail. Salve seus manuscritos, capas e outros materiais importantes como anexos em rascunhos ou em uma pasta específica no seu e-mail. Dessa forma, independentemente do que acontecer ao seu hardware, você terá acesso às cópias de qualquer dispositivo conectado à internet.

Esse sistema simples pode poupar você de grandes frustrações em momentos de emergência.

Dica profissional: Sempre que precisar compartilhar seu manuscrito — seja o livro completo, um capítulo ou materiais adicionais —, utilize e-mail em vez de aplicativos de mensagens. Essas plataformas não oferecem segurança adequada para esse tipo de conteúdo e podem resultar em perda de dados ou acessos não autorizados.

Boa Sorte!

Chegamos ao fim por agora! Espero que estas lições e dicas tenham sido úteis para você enquanto embarca nessa jornada de escrita. Com prática e dedicação, você perceberá que o processo é menos assustador do que parece.

Acima de tudo, nunca desista. Mantenha seu objetivo firme na mente e avance um passo de cada vez.

Desejo a você muita diversão, criatividade e sucesso na escrita do seu primeiro bestseller!

Conheça outros livros da Autora

CAOS DO AMOR

Belo Desastre

Catástrofe do Amor

Inimigos e Mais

Um Bad Boy para Sue

Doce e Proibido

*

Aposta Impossível

Gata indomável

AMOR NA NEVE

Contando Vaga-lumes

Memórias Quebradas

*

Dezessete Borboletas

RAFAEL E SEBASTIAN

Quebrando Regras

Quebrando Limites

Quebrando Titânio

AVENTURAS NA TERRA DO NUNCA

Um Coração na Terra do Nunca

A Vingança de Pan

Sobre a Autora

Anna Katmore vive em seu próprio mundo encantado, onde são permitidos somente aqueles que estão prontos para lidar com a lógica e o racionalismo. Mas tome cuidado, se passar por essa porta, você nunca mais vai querer sair...

Disney é a sua atitude perante a vida, e se ela pudesse, salvaria o mundo dele mesmo. Seu *patrono* é um lobo, sua varinha é um galho quebrado de uma macieira, 30 centímetros de comprimento e a ponta de chifre de unicórnio. Glitter em seus sapatos é uma obrigação, embora ela não se importe com os sapatos de vidro da *Cinderela.* Muito arriscado quebrar alguma coisa...

Para mais informações, por favor, visite www.annakatmore.com

www.ingramcontent.com/pod-product-compliance
Lightning Source LLC
La Vergne TN
LVHW040945150826
845672LV00002B/552

* 9 7 9 8 2 3 0 4 8 2 3 0 7 *